Berthold Haendcke

Die Chronologie der Landschaften Albrecht Dürers

Berthold Haendcke

Die Chronologie der Landschaften Albrecht Dürers

ISBN/EAN: 9783743429741

Hergestellt in Europa, USA, Kanada, Australien, Japan

Cover: Foto ©ninafisch / pixelio.de

Manufactured and distributed by brebook publishing software (www.brebook.com)

Berthold Haendcke

Die Chronologie der Landschaften Albrecht Dürers

STUDIEN ZUR DEUTSCHEN KUNSTGESCHICHTE
19. HEFT.

DIE CHRONOLOGIE

DER

LANDSCHAFTEN ALBRECHT DÜRER'S

VON

Dr. **BERTHOLD HAENDCKE**

O. Ö. PROFESSOR

DER KUNSTGESCHICHTE AN DER UNIVERSITÄT KÖNIGSBERG I. PR.

MIT ZWEI LICHTDRUCKTAFELN

STRASSBURG

J. H. ED. HEITZ (HEITZ & MÜNDEL)

1899.

Vorwort.

Der Titel der vorliegenden Schrift hätte genau genommen heissen müssen: Die Chronologie der Landschaftsmalerei A. Dürer's wie sie in seinen mit Wasserfarben gemalten landschaftlichen Studien uns erhalten ist. Da aber nur diese Studien anerkanntermassen als die selbständigen Landschaften des Meisters gelten, so wählte ich die kürzere Fassung. Die Entwürfe zu den landschaftlichen Hintergründen sind deshalb von mir auch bei Seite gelassen worden, sofern das behandelte Thema es nicht verlangte, auf dieselben zu rekurrieren. Da die Monogramme erwiesenermassen cf. Thausing Dürer I p. 118 „theils von Dürer's, theils von fremder Hand in Biester nachgetragen" wurden, so bespreche ich diese Bezeichnungen nur in einzelnen, besonderen Fällen.

Meine kleine Arbeit sucht wesentlich auf dem Wege neuer Thatsachen und der Stilkritik, die Landschaften Dürer's chronologisch anzuordnen, ohne deshalb jedes Blatt genau datieren oder das Nach- und Nebeneinander der Studie stets bestimmt fixiren zu wollen. Meine Abhandlung wünscht zudem, den künstlerischen Gehalt in den landschaftlichen Malereien den vielen Freunden des alten Künstlers im grossen Publikum näher zu bringen.

Königsberg i. Pr. Dezember 1898.

B. Haendcke.

Die Chronologie der Landschaften Albrecht Dürer's.

Die Frage nach der Chronologie der Landschaften Albrecht Dürer's hängt so enge mit derjenigen nach der ersten italienischen Reise zusammen, dass dieser Streit kurz berührt werden muss. Er ist, wie ich wohl sagen darf, nach der Ansicht der erdrückenden Majorität dahin ausgetragen: dass eine erste Reise nach Italien durch Tirol angenommen wird. Etwas strittiger ist der Zeitpunkt und die Route. Der St. Gotthardt ist aber nur sehr vereinzelt genannt und der Zeitpunkt ist nach v. Térey's[1] Vorschlag für etwa 1494/95 wohl ziemlich von allen Seiten normiert worden. Ich schliesse mich diesen Ausführungen zunächst einfach an, indem ich vorgreifend bemerke, dass meine Abhandlung neues, jeden Zweifel unterbindendes Material auch für jene Differenzen in dem angedeuteten Sinne bringen wird.

* * *

Die ältesten landschaftlichen Zeichnungen Dürer's sind die Hintergründe zu den Baseler Holzschnitten. Diese Landschaften unterscheiden sich höchstens durch ihre Mangelhaftigkeit von den Werken älterer Maler. Das erste Bildchen, das den Titel „Land-

---

[1] Albrecht Dürer's Venetianischer Aufenthalt 1494—1495. J. H. Ed. Heitz (Heitz u. Mündel) 1892.

schaft"[1] verdient, ist die Federzeichnung in der Albertina zu Wien, auf der der Raub der Europa geschildert ist. Es ist erfreulich zu sehen, wie selbständig der junge Künstler diese Aufgabe löste, die auf einem ihm fremden Boden der Idee nach gewachsen war. — Ganz dicht an das Wasser lässt uns der Maler herantreten, so dass wir das geschickt behandelte Schilf unmittelbar vor uns haben. Auf dem Rücken eines knochigen, wild daherstürmenden Stieres kniet die junge etwa 16-jährige Europa, deren zierlich gebildeter, etwas ängstlich wiedergegebener Körper ein Hemd umflattert. Mit der Linken hält sie sich an einem Horne des Tieres fest, während sie sich mit der Rechten, um die Haltung sich zu bewahren, auf den Schenkel des Stieres aufstützt. Aus dem Schilfe zur Linken brechen Faune männlichen und weiblichen Geschlechtes hervor, um auf der Tarantella dem Mädchen den Hochzeitsmarsch zu schlagen. Geflügelte Amoretten tauchen überall aus dem Wasser auf oder reiten jubelnd auf Fischen mit geschwänzten Nereiden um die Wette. Am jenseitigen ein wenig ansteigenden Ufer aber raufen sich in lautem Jammer ausbrechend die Gespielinnen der Entführten die Haare; einige derselben eilen über die Felder mit der Schreckenskunde zu der rechts im Hintergrunde liegenden Burg.

Eine der bezeichnendsten Eigenarten der Dürer'schen Landschaften bemerken wir bereits jetzt. Der Künstler tritt fast immer dicht an den Bildrand heran, so dass der Vordergrund stark betont ist, er unmittelbar vor den Füssen beginnt. Weiterhin offenbart Dürer sein landschaftliches Verständnis darin sofort, dass er die Personen mit der Landschaft genügend in Verbindung zu setzen weiss. Der Uebelstand der älteren deutschen Landschaftsmalerei, dass Figuren und Landschaft geboten werden, ist zwar noch nicht gänzlich überwunden. Die Europa würde ein moderner Maler nicht derartig in den Vordergrund hineingerückt haben; trotzdem kann sie sich in der Landschaft bewegen, wie auch die andern Personen im Hintergrunde. Endlich sind überall mit eindringender

---

[1] Die Landschaft (L. 3) in Berlin mit dem Reiter von 1496 ist sicher nicht von Dürer's Hand. Ich meine dass sie allgemein oberdeutschen Charakters und von mittelmässigem Werte ist.

Ueberlegung die Linien angeordnet, die das Bildchen zurückgehen lassen und ebenso ist der Himmel in entsprechendem Abstande gezeichnet. Die Wahrscheinlichkeit, dass Dürer dies Blatt auf seiner ersten italienischen Reise gezeichnet hat, ist eine sehr grosse. Die Erzählung der Sage ist von einer Kenntnis der antiken Mythologie getragen, die der junge Mann schwerlich in Nürnberg, trotz Pirckheimer, sich hätte erwerben können. Die Tarantella, wie die drei Löwenköpfe und der Mann in orientalischem Kostüme auf der anderen Hälfte des Bogens, auf dem die Europascene gezeichnet ist, erledigen die Frage meines Erachtens vollkommen.

Wie Dürer Löwen daheim zeichnete, belegt die frühe Gouachemalerei in Hamburg. Wenn ich jene Skizze in der Albertina zu Wien in Venedig entstanden sein lasse, so spreche ich damit zugleich aus, dass Dürer die Wassermalereien u. s. w., die ich als auf der ersten Reise nach Italien entstanden glaube, sämtlich auf der Heimkehr gearbeitet hat. Denn es ist nicht annehmbar, diese Arbeiten und die erstgenannte auf eine Stufe zu stellen bez. gar als früher gearbeitet zu erachten. In einem Falle bez. in zweien schwanke ich allerdings sehr. Die Studie in Erlangen (L. 431)[1] könnte in der That zur nämlichen Zeit, eventuell sogar früher entworfen sein. An einem breiten Flusse, der von links her quer über das Bild nach rechts weiter fliesst, hat Dürer Rast gemacht. Wenige Schritte steht er von einem unmittelbar am Rande des diesseitigen Ufers emporgewachsenen Baume entfernt. Links schiebt sich eine Felsmasse von Gesträuch und Bäumen bedeckt, in den Strom. Dem Zeichner gerade gegenüber erheben sich allmählich Anhöhen, aus denen schroff scharf gezähnte Dolomiten aufsteigen. Von hier dehnen sich links die hügeligen Gefilde tief in den Hintergrund hinein, bis sie durch mächtige, zackige Berghöhen gehemmt werden. Die Zeichnung ist sehr schnell, aber auch bei aller Schwerfälligkeit im Einzelnen, z. B. im Baumschlage, gewandt. Dürer hat besonders die Grossartigkeit der Natur zu betonen verstanden. Er verliert sich nicht im mindesten in Einzelheiten. Er war offenbar selbst recht zufrieden mit seiner Skizze; denn er hat

---

[1] F. Lippmann: Zeichnungen von Albrecht Dürer in Nachbildungen. Berlin. Bd. I-IV.

sie fast unverändert in seinen herrlichen Holzschnitt, die Begegnung der beiden Frauen im Marienleben, übernommen. Dieser Schnitt ist, woran ich gleich erinnern möchte, vor der zweiten Fahrt über den Brenner nach dem Süden gefertigt worden! Sehr verwandt in der Auffassung wie in der Federführung ist der bogenschiessende Herakles in Darmstadt (L. 207). Auf einem flachen Hügel steht unmittelbar vor uns der griechische Halbgott und schiesst nach links gewandt auf die stymphalischen Vögel, die ihn umschwirren. Zu seinen Füssen gleiten im ruhigen Flusse die Gewässer eines Stromes dahin, über den im Mittelgrunde eine dreibogige Brücke geschlagen ist. Auf dem flachen diesseitigen Ufer im mittleren Teile der Landschaft steht der Brückenkopf. Aus dem Flachlande streben im Hintergrunde schroffe felsige Massen empor, die das Bild von links her bis rechts an den Rand umkränzen. Es ist als ob den Beschauer die wuchtige Grösse der Dolomitenlandschaften wie in der Natur selbst packe. Eine Burg auf einer Höhe, links die Brücke, ein Haus, sonst nur Bäume, der Fluss, die Ufer und die trotzigen Fels- und Bergmassen; wie steht das überdies noch im Einklange mit dem Halbgotte! Wer spürte damals im deutschen Lande so die Poesie der schlichten Natur, wer empfand so die Majestät der riesigen Bergnatur, wer konnte sie meistern, sie poetisch verklären, wer Staffage und Umgebung in solche Harmonie setzen? Einzig Dürer, nachdem er auf dem Marsche über die damals gefürchteten Alpen die bedrückende Wucht derselben, der kein Mensch im Anfange entgehen kann, überwunden hatte. Zu solcher Stunde konnte er auch erst mit solch' bewundernswerter Sicherheit den richtigen Standpunkt wählen. Wie schiebt sich alles in den Hintergrund, wie steht ein jedes Ding auf seinem Platze, wie geschickt ist mit ein wenig Schatten und Licht stets das Wesentliche herausgehoben, immer wieder Leben und Bewegung in die scheinbar so tote Masse hineingebracht worden! Dürer, der von den Kunstkennern mit Recht als der Zeichner κατ' ἐξοχήν stets hingestellt war, ist schon in dieser Zeit zu einem Maler in seinen Landschaften geworden, wie man ihn in seinen ersten gemalten Gemälden kaum ahnend erkennen kann.

Die Entstehung dieses Blattes vor 1505 wird gewährleistet durch das Gemälde mit dem schiessenden Herakles in Nürnberg. Es tritt nun die Frage an uns heran: welche Landschaften hat der Maler noch vor 1505 in Tirol aquarelliert. Obgleich ein Blättchen in Paris (L. 301) längst als in dieser Periode gemalt anerkannt ist, möchte ich doch davon jetzt absehen und zunächst das Augenmerk, um einen festeren Untergrund zu erhalten, kurz auf ein paar Gemälde hinlenken.

Die Beweinungen in München und Nürnberg lasse ich trotz ihrer Dolomitenlandschaft bei Seite, da sie nur Ateliergut sind. Interessanter sind schon die Hintergründe auf den Bildnissen des Tucher'schen Ehepaares in Weimar von 1499. Vornehmlich sind die Felspartien auf dem Portrait der Frau bedeutsam. Es sind Bildungen wie sie nur in Tirol zu sehen sind. Beide Landschaften sind aber doch nur oberflächlich hingestrichene „Hintergründe". Weit mehr bietet die Landschaft auf dem Selbstportrait von 1498 in Madrid. Auf diesem von dem Meister mit grosser Liebe gemalten Bildnisse befindet sich eine so wunderbare Landschaft und zwar im Horizonte des Dargestellten(!), wie sie nur ein echter Landschafter und ein grosser Künstler schaffen konnte, der im Hochlande mit offenem Blicke und offenen Sinnen gewandert war. Es ist auch das einzige Gemälde aus dieser Frühzeit, auf dem nach der Braun'schen Photographie etwas von dem malerischen Feingefühle zu spüren ist, von dem die Wassermalereien ein so beredtes Zeugnis ablegen.

Ueber einen breiteren Streifen Ackerlandes (?) fliegt unser Blick zum lebhaft bewegten Bergstrom, der in der Diagonale durch das Bild von links nach rechts fliesst. Ueber den Gebüschen, die seine Ufer einsäumen, wölbt sich am jenseitigen Uferrande ein flacherer Hügel. In der halben Höhe desselben etwa leuchtet uns der Schein einer weissgetünchten Kirche entgegen. Weiter zurück, zur linken Seite und höher emporsteigend schiebt sich ein in der Mitte gesattelter felsiger Grat zwischen diesem Hügel und dem imposant emporwachsenden firnengeschmückten Alpenriesen im Hintergrunde. Von der Spitze dieses schweift das Auge über mehr als einen Rivalen im Bezirke des ewigen Schnees. Auf sie, wie auf den Fluss dort unten in gähnender Tiefe fallen einzelne fahle, breite Lichter der hinter dunklen Nebelschleiern verhüllten Sonne. Das Gebirge in seiner majestätischen Schönheit und seiner herzbeklemmenden düsteren Grösse! Wie hat der Meister aber diese Natur interpretiert. Wie fein gesehen ist es, wenn von den weissen Gletschern auf den felsigen Kolossen im Hintergrunde die Atmosphäre durchleuchtet ist. Wie schimmern die Schneestreifen zu uns hinüber über jenes dunkle eingesattelte Felsenband hinweg, das in halber Höhe des Hochgebirges im Mittelgrunde die Landschaft durchschneidet, um Widerpart zu halten dem aus dem Flusse im Vordergrunde anwachsenden Hügel, der im Halbschatten des von der Sonne nur durchschienenen dunklen Gewölkes daliegt. Einzelne schärfere Lichter, wie dort in der Mitte des Flusses auf dem Wasser, oder auf dem Orte, ungefähr im halben Anstieg des Hügels, oder auf den Konturen der Berge, den Gletschern beleben, heben hervor, drängen zurück. Wiederum hat Dürer direkt vor seinem Standpunkte die Szenerie beginnen lassen, ist er in medias res getreten. Es liegt eine Stimmung, eine Grossheit auf dieser von menschlicher Thätigkeit fast vollkommen verlassenen Hochlandsnatur, dass man schweigend nur schaut. Wenn auch die technische Bearbeitung ersichtlich dem künstlerischen Gehalte nicht die Wage hält, so ist sie dennoch so sicher durchdacht, dass sie auch nach dieser Seite, Dürer als aus der Lehrlingszeit als Landschafter entlassen, erkennen lässt. Dürer war also 1498 ein Hochgebirgsmaler vom ersten Rang. Sind unter den erhaltenen Studienzeichnungen landschaftlichen Inhaltes noch Arbeiten, die dieser Malerei gewachsen, ihr ähnlich nach Form und Wesen sind?

Der Sprung von den bereits beschriebenen Zeichnungen zu den Werken, die ich jetzt besprechen will, erscheint nach jenem Hinweise auf das Madrider Gemälde selbst einem flüchtigeren Beschauer gewiss nicht mehr gewagt. Dünkt derselbe doch noch einem energischen Zweifler zu gross, so mag er Zwischenglieder annehmen, die verloren gegangen sind. Denn vorhanden gewesen sein müssen sie, da Dürer das Hochgebirge, wie er es 1498 malte, in jenem Jahrzehnt eben nur einmal, in Tirol gesehen haben kann.

Die von Staarenschwärmen umflogene Burg in Paris (L 301) ist als für die Zeit vor 1505 bez. 1497 gemalt bekannt; denn sie wurde von Dürer auf dem Stiche mit St. Eustachius verwendet. Auf einem unvermittelt, aus dem links sehr tief liegenden Thale, emporsteigenden Felsen, ruht eine vieltürmige Burg, deren Donjon von Vögeln umkreist wird. Das Blatt ist sehr fleissig in

Wasser- und Deckfarbe auf Pergament gemalt. Der Anfänger ist in sofern erkennbar, als er gar zu penibel in seinen Ausführungen ist. Er kämpft auch noch schwer mit dem Stoffe. Die Felsen insbesondere erscheinen wie mit dem Messer geschnitzt, die Felsmasse ist noch nicht in charakteristischer Weise reproduziert. Eine kleine Besonderheit, die bislang stets übersehen worden, aber für die Frage nach der ersten Italienfahrt des Meisters von durchschlagender Bedeutung ist, besitzen die Zinnen der Burg. Sie haben die sogenannte schwalbenschwanzförmige Form.

Ein hervorragender Kenner auf dem Gebiete der Burgenkunde, Otto Piper, schreibt in seinem Buche über dieses Thema die folgenden Worte:

„Eine andere Form der Wintperge (Zinnen) ist ihre schwalbenschwanzförmige Auszackung in krummen oder geraden Linien. Diesselbe kommt nach v. Cohausen, Bergfried 35, seines Wissens ausser vereinzelt in Augsburg und Südtirol, in Deutschland und Frankreich nicht, wohl aber in Italien vor und zwar als ein unterscheidendes Merkmal der Ghibellinischen gegen die Guelfischen Bauten. Solcher Zinnen finden sich indessen ausser in Bellinzona (Cant. Tessin auch von Cohausen ebd. erwähnt) auch in Nordtirol, zu Memmingen im Allgäu, bei niederösterreichischen Burgen nördlich der Donau und am Kreml in Moskau."[1] Dass Bellinzona und das Allgäu nicht in Rede stehen können, wenn wir Dürer's Reise zu erörtern haben, bedarf meines Erachtens keines Beweises. Es bleibt also, da ja Augsburg ebenfalls ausgeschlossen werden muss, nur Südtirol bez. Italien übrig. **Wir haben mit andern Worten einen — ich füge vorgreifend hinzu ersten — geradezu dokumentarischen Beweis für eine Reise Dürer's nach Italien vor 1505.** Denn wenn er die Trachten, die Kupferstiche Zeichnungen etc. eventuell in Nürnberg durch den Import derartiger Dinge gesehen haben kann, so ist es absolut unmöglich, dass er italienische bez. tirolische Burgen dort nachzuzeichnen im Stande war. Ich glaube hiermit die erste italienische Reise im engsten Sinne des Wortes „bewiesen" zu haben. Dass sich diese Form

---

[1] Burgenkunde von Otto Piper München 1895. p. 354. Vgl. übrigens auch R. Vischer Studien zur Kunstgeschichte 1888 p. 117.

der Wintperge auf der rechts oben gelegenen Burg auf dem Stiche „die grosse Fortuna" wieder findet unterstützt beide Behauptungen auf die konkludenteste Weise. Der Ort über den die „Fortuna" schwebt ist nämlich Klausen in Tirol!

Hiermit habe ich den zweiten „dokumentarischen Beweis" erwähnt, der nicht nur jeden Zweifel an der ersten italienischen Reise nimmt, sondern auch aufgetauchten Vermutungen über die Route St. Gotthardt jeden Boden unter den Füssen wegreisst.

Wie wir wissen, wurde im schweizer Kriege (1499), mit dem die Fortuna stets in Verbindung gesetzt wurde, Willibald Pirckheimer[1] durch das Engadin über das Stilfser Joch nach Bormio gesandt. Dürer griff auf seine Studienblätter aus dem Gebirge zurück und gab Klausen an der Brennerstrasse wohl zu Bormio selbst als Illustration. Der Beweis, dass wir diesen Ort thatsächlich hier vor uns sehen, ist durch eine Vergleichung des Stiches mit einer modernen photographischen Gesamtansicht des Städtchens leicht zu geben. Die Lage der Stadt, in deren unmittelbarer Nähe sich der Blankenbach und die Eisack im Süden im spitzen Winkel treffen, die Anlage der östlichen Brücke bei der mit dem Chore gegen den Fluss gewandten und mit einem nebenstehenden Turme geschmückten Kirche; die Situation der westlichen Brücke, die einen aus dem Gebirge kommenden Steig abfängt; die einschiffige, kleine Kirche im Norden der Stadt; „die kahlen Felswände, auf denen nur hie und da vereinzelte dürre Föhren stehen"[2]; die Geröllmassen im Blankenbach; die kleine Ausbuchtung der Eisack im Norden der Stadt, die schroff, fast senkrecht abfallenden Ufer dieses Flusses; der Weg zur östlichen Brücke: das ist alles noch so wie vor 500 Jahren. Verändert ist nur der Kapellenartige Turm, wie ich sagen möchte, im Westen der Stadt. An

---

[1] Cfr. Ulmann Kaiser Maximilian I. p. 767. Die Frage, ob Dürer an diesem Zuge in irgend einer Eigenschaft teilgenommen hat, lasse ich, als für uns unbeweisbar und unerheblich, unerörtert; denn Pirckheimer kehrte in Bormio um und marschierte nach Zutz im Innthal. Dürer hat wohl in der That seinem Freunde in der Fortuna mit den Zügeln und dem Pokale für das Verdienst ein Denkmal setzen wollen. Denn in dem nicht weit abgelegenen Tirano waren aller Wahrscheinlichkeit die so ersehnten Proviantmassen. Pirckheimer wollte aber seine Truppen nicht riskieren, »zügelte sich« und kehrte um.

[2] Riehl. Die Kunst an der Brennerstrasse. 1898, p. 149.

der Stelle dieses steht heute ein breiter Turm; doch ist die dreiseitige Apsis einer Kapelle in den Grundmauern noch vorhanden. Auch ist dieser Bau jetzt ebenso wie bei Dürer auf einer kleinen felsigen Anhöhe errichtet. Ganz genau stimmen hier aber die Terrainschilderungen auf dem Stiche mit der Natur nicht überein. Auch ist der Kapellenartige Turm bei Dürer wesentlich näher an den Blankenbach herangerückt, als es auf unserm zur Vergleichung beigegebenen Lichtdrucke der Fall ist. Zu einem Teile erklärt sich dies dadurch, dass Dürer etwas weiter nach rechts stand. Die Folge davon war, dass sich diese Partie der Stadt bez. des Terrains, wie auch der gleich zu erwähnende Berg, auf dem das Kloster Säben liegt, dem Maler stärker verkürzt darbot. Es kann aber meines Erachtens keinem Zweifel unterliegen, dass die Burgartige Anlage, auf dem Berge oberhalb des Kapellenartigen Turmes identisch ist mit dem noch heute bestehenden älteren Theile des Klosters Säben. Zunächst führt jetzt noch wie auf Dürer's Stich dicht am Abhange der Weg in zwei langen Windungen auf den Berg; liegt hier wie dort eine überragende felsige Bergwand dem Kloster, nur durch den schmalen Bach getrennt, gegenüber; weiterhin weist die alte Umfassungsmauer zur Stunde noch einen viereckigen Turm und Zinnen auf, die schwalbenschwanzförmig geschnitten sind, wie auf dem Kupferstiche. Allerdings sind die Mauern länger, wie bei Dürer. Und darauf, dass bei unserm Stecher das Bergplateau ein wenig kleiner angenommen ist — denn die höher gelegene Bergkuppe mit der später erbauten grossen Klosteranlage ist bei Dürer durch die Wolken verdeckt — beruht der hervorstechendste Unterschied zwischen Stich und Natur. Denn der tiefdunkel gehaltene Einblick, links vom Berge, ist im starken Einschnitte am Bergabhange oberhalb der Eisack angedeutet. Der Hauptgrund der Veränderungen, die Dürer hier vornahm, lag darin, dass er für die Fortuna und die Wolken, auf denen sie schwebt Platz finden musste. Er fühlte sich offenbar dadurch beengt und verkleinerte den Berg, wie er ihn auch ein bischen niedriger gehalten hat. Dürer wollte ersichtlich den guten malerischen Abschluss nicht missen, wie er auch wohl die klösterliche Niederlassung, als charakteristisch für den Ort nicht zu entbehren wünschte. Der im Norden auf dem diesseitigen Ufer emporsteigende Fels ist freie Zuthat, wie schon die hier mangelnde Innenarbeit darthut. Der malerischen Abrundung halber fügte Dürer diese Zugabe bei. Die von mir soeben hervorgehobenen Unterschiede fallen aber gegen die bis in Kleinigkeiten hineingehenden, auch an Zahl weit überwiegenden Uebereinstimmungen nicht in die Wagschale; um so weniger als sie sich aus einem äusseren Zwange leicht erklären lassen.

Ein sofort auffallendes Charakteristikum zeigt die Felsbehandlung auf der „Fortuna". Die Felsen sind wie in harter Masse geschnitzt; ja gemahnen etwas an Kulissen von Pappe. Wir nehmen mit andern Worten die nämliche Eigentümlichkeit wahr, wie bei dem „Felsennest". Dieselbe Besonderheit erblicken wir auf der „Burg" (L. 108) in Bremen wieder. Dürer nahm den Standpunkt derartig, dass er in der Diagonale das Schloss vor sich sah. Von links her führt aus der Ecke des Bildes zwischen den Ufern eines breiteren, sanft dahingleitenden Baches und der zur Linken allgemach sich erhöhenden und mit Gestrüpp hie und da besetzten Halde ein Fussweg zu einem Walde, der im Mittelgrunde an dem Hügel rückwärts emporklettert. Der Weg endet dann rechts bei der, auf einem einzelstehenden Felsen mitten im Bilde, aufgebauten Burg. Tief unten im Flachlande säumen rechts in bläulichen Dunst gehüllte Wälder die Scenerie ein. In den klaren Himmel, an dessen Horizonte die letzten gelben gebrochenen Strahlen der untergehenden Sonne irren, schwingt sich eine Schaar Vögel. Das Blättchen ist mit voller Hingabe und mit auffallend gutem Gefühl für „Ton" gearbeitet. Die Uebergänge sind allerdings noch zu spröde; die Schatten zu schwer und das feine Schimmern der Lichter, besonders am Himmel, nicht genügend gut getroffen. Auch ist Dürer der Baumschlag noch ziemlich unbekannt. Es ist von der charakteristischen Form des Baumes, des Gestrüppes, zu wenig gesehen worden. Der Maler giebt gewisse allgemeine Umrisse und sucht durch einzelne aufgetragene Lichter etwas Leben in die Masse zu bringen. Die Mauern der Burg sind ebenfalls noch zu detailliert, der Fels nicht individualisierend gemalt.

Zu eben dieser Zeit ist eine andere kleine Zeichnung gearbeitet worden, die sich bei Prof. Dr. Blasius in Braunschweig befindet und „im Welschland" bezeichnet ist. Auf einer niedrigen Anhöhe liegt eine kleine Burgruine, in die Hütten sich hineingeklebt haben. Die Malerei ist mit braun und grau unterlegt und mit grauweiss gehöht. Wenn kein Titel vorhanden wäre, so würden die zum Teil schwalbenschwanzförmig gebildeten Zinnen uns die Gegend weisen. Das Monogramm ist übrigens unecht.

Von ganz hervorragender Schönheit ist die „fenedier klausen" im Louvre (L 303). Die Malerei ist mit einer selbst für Dürer selten sorgsamen Weise in hellen, leuchtenden Wasserfarben ausgeführt. Wir haben hier wohl sicher an den berühmten Pass, die Berner Klause oder Chiusa di Verona, zu denken, der heute noch den schönsten Punkten dieser Gegend beigezählt wird. Kurz vor der Einsattelung zweier unbedeutender Erhöhungen, die links und rechts im Vordergrunde am Bildrande zu bemerken sind, stand der junge Meister, als er trunkenen Auges den Glanz, das Leuchten und Glimmern des südlichen Lichtes, die pittoresken Formen des burggekrönten Berges vor sich sah, zu dem welliges mit Maulbeerbäumen und Weinstöcken geschmücktes Gelände führt. Rechts am Fusse des schroff in der Mitte des Bildes emporstrebenden Felskegels lagert eine kleine italienische Bergstadt, die durch manche Morgen Ackerland umspannende Mauern mit den Befestigungen auf dem Berge verbunden ist. Zur Rechten gleitet das Auge zum Flussthale hernieder, in dem aufblitzend der glitzernde Strom zwischen leicht sich hebendes und sich senkendes Terrain seine Fluten dahin wälzt. Dürer hat hier sowohl sein vollendetes, zeichnerisches Können, wie ein malerisches Empfinden, eine Feinfühligkeit für Lichtwirkungen, eine Geschicklichkeit in der Wiedergabe dieses Glänzens und Gleissens, des Ineinanderschwebens der Töne gezeigt, das trotz einer gewissen Unbeholfenheit einfach staunenswert ist. Er hat vor allem erreicht, dass sich in jedem Beschauer mit bezwingender Macht der Gedanke, das frohe Empfinden aufdrängt: das ist der sonnenüberglänzte Süden, das ist das glückliche Italien, dem das Herz der Deutschen seit Jahrhunderten entgegenschlug. Und welch' grosse stilvolle Anschauung! Und alles so eingehüllt von Licht, dass selbst die scharfen Konturen der Felsen verschwunden sind.

An hingebendem Fleisse, wie ihn nur der kennt, dem eine neue Welt in ihrer ganzen Weite aufgegangen ist, wetteifert mit dem Louvreblatt die ebenfalls in Wasserfarben ausgeführte Berglandschaft in Oxford (L 392). Der Vordergrund und Mittelgrund zur Linken ist unausgeführt. Die Beischrift „welsch perg" hat recht viel zu raten gegeben. Es giebt nun im Pusterthale, 52 Kilometer von Franzensfeste, 20 Kilometer von Bruneck, dem Heimatsorte Mich. Pacher's entfernt einen Ort Welsberg mit Ruinen an der Rienz. Dies Thal ist die einzige bedeutende Abzweigung, die den jungen Maler als von seinem geraden Wege abweichend dazumal reizen konnte. Die Schönheit des Passes mit den überragenden Dolomiten oder des alten Meister Pacher's Werke lockten ihn der stets so pietätvoll alter Meister gedachte, vielleicht — jedenfalls kann die Zuschrift zu seiner Zeichnung kaum anders als durch einen solchen Abstecher erklärt werden. Dazu kommt das Ensemble des Bildes selbst.

Im ersten Grunde, der wie bemerkt nur roh angelegt ist, aber doch auf ein weites Flussthal raten lässt, liegen zerstreut einige mächtige Felsblöcke, hinter denen zur Rechten ein weichgeformter breiter Hügel ansteigt. In der mittleren Höhe desselben ist im Sonnenscheine, der von links oben kommt, ein kleines Dörfchen gebettet. Von dort blickt man auf den rechts gegenüberliegenden, durch einen tiefen Thaleinschnitt getrennten, zum Teil bewaldeten, zum Teil mit Ackerland und einer Ortschaft bedeckten Berg, der sich weiter in den Hintergrund in kahlen Felsmassen fortsetzt, die nach der linken Seite jähe und hoch in ein breites Thal abstürzen. Dieses liegt im Mittelpunkt des Bildes, so dass zur Rechten der eben erwähnte bewaldete Berg und die felsigen Fortsetzungen, zur Linken ein anderer Berg es einfassen. Ueber dem Thale schweben in mehrfacher Reihe übereinander lange, dicke Streifenwolken.

Es ist auf das lebhafteste zu bedauern, dass Dürer das Blatt nicht vollendet hat, aber die Feinheiten, die sich auf dem mit Wald besetzten Berge und in jenem Thale finden, genügen, um die Studie zu einer der schönsten von des Meisters Hand zu stempeln. Mit welchem Bienenfleisse sind die Bäumchen, die kleinen Häuser und Kirchlein durchgezeichnet und gemalt. Wie geschickt sind von Zeit zu Zeit grosse Lichtmassen durch die hellen Farben der Wege, der abfallenden Brüche und dergl. m. eingeordnet, um Ruhe und Raumtiefe und Plastik in das Bild zu bringen! Selbst in der Wiedergabe im Lippmann'schen Dürerkodex ist die hervorragende Beleuchtung zu beurteilen; insbesondere interessant ist die der Wolken.

KLAUSEN IN SÜDTIROL.

Ein würdiges Mittelglied in diesem köstlichen Trio bildet „Trient", jene berühmte Ansicht der alten Bergstadt. Zuerst möchte ich den Beweis erbringen, dass diese Studie thatsächlich auf der ersten italienischen Reise entstanden ist. Die Sammlung zu Windsor enthält eine „allegorische Komposition", die Lippmann-Holmes a. a. O. unter Nr. 389 folgendermassen beschreiben. Im Vordergrunde sieht man drei Frauen, deren eine links, seitlich nach rechts gewendet kauert. Die zweite Frau, nur mit einem Tuche um die Hüften bekleidet, sitzt auf dem Erdboden und wendet sich mit erhobener Rechten und lächelndem Ausdruck nach rechts, anscheinend zu der hinter ihr liegenden dritten Frau, die voller bekleidet als die Genossinnen, den mit einer Flügelhaube bedeckten Kopf in die Linke stützt, mit dem Zeigefinger der Rechten aber in eine flache Schüssel deutet. Vielleicht weissagt sie aus dieser Schüssel, in deren Betrachtung sie versunken ist. Rechts lugen aus einem reich geschmückten Korbe zwei geflügelte Kinder hervor, während ein drittes ganz vorn sitzt und einem Häschen nachblickt, das in einer Erdöffnung verschwindet. Im Mittelgrunde werden, auf einem Delphin stehend, drei Frauen herangetragen, die ein Segel über sich halten. Diese Gruppe geht auf ein italienisches Niello zurück. Im Hintergrunde eine befestigte Burg. In der Mitte unten das Monogramm (gegenseitig) und die Jahreszahl 1516, letztere in abweichender Tinte, wohl von fremder Hand hinzugefügt. Auf dem Rande des Korbes steht: Pupila Augusta (gegenseitig). Lippmann-Holmes fahren dann fort: Diese Zeichnung scheint der Entwurf zu einem, nicht ausgeführten Kupferstiche zu sein, worauf die Gegenseitigkeit des Monogrammes und der vielleicht auch gleichzeitigen Aufschrift „Pupila Augusta" deutet. Dem Stil nach ist das Blatt etwa um 1500 anzusetzen ... Die Hintergrundslandschaft dieser Zeichnung verwendete Dürer in dem Kupferstiche, dem heiligen Antonius von 1519.[1]

Diesen Ausführungen schliesse ich mich zunächst ganz an. Die Jahreszahl ist sicher falsch. Man braucht nur die Zahlen z.

---

[1] Hieraus könnte keinerlei Gegenbeweis für die frühe Datierung erbracht werden; denn Dürer griff bei Gelegenheit ruhig auf frühere Arbeiten zurück. Vgl. meinen Aufsatz «A. Dürer's Ritter trotz Tod und Teufel». Kunsthalle 1898 p. 343.

B. die 5 und 6 mit anderen, echten Dürer'schen Bezeichnungen zu vergleichen z. B. mit der auf dem Frauenbade beim Herzoge von Devonshire (L. 398), so wird ein Zweifel an der Fälschung kaum noch auszusprechen sein. Dann aber spricht auch der Stoff für die Zeit c. 1500. Es war ja jene Periode, in der Dürer „antikische" Motive ganz besonders bevorzugte. Auch verweise ich auf die Formensprache und die Gesichtsbildung, auf die steife, zum Teil unrichtige Zeichnung der Körper, die Dürer 1516 anders und besser bildete.[1] Ist aber die Meinung, dass die Federzeichnung 1500 gezeichnet ist, richtig, so ist damit meine Behauptung, dass „Trient" vor 1500 gemalt wurde, in der denkbar exaktesten Manier erhärtet. Denn die ganze Partie der Stadtmauer, die links von oben her, von dem viereckigen Turm mit dem runden Aufsatz herunter, bis zu den durch einen Gang verbundenen Doppeltürmen läuft, ist mit samt den unmittelbar dahinter liegenden Gebäuden aus dem Panorama von der Stadt Trient übernommen! Und zwar ebenfalls von dem links gelegenen Teile der Stadtmauer bez. des Stadtteiles. Dürer hatte dann auf der Federzeichnung auf das ja bereits in „Trient" gegebene bergige Terrain einfach die bekrönende Burg aufzubauen. Woher er diese

---

[1] Vgl. Haendcke: Dürer's Beziehungen zu Jacopo de Barbari Pollaiuolo und Bellini. Jahrb. der Königl. Preussischen Kunstsamlgn. 1898 Heft III. Die hier ausgesprochene Ansicht, dass Dürer's Formenanschauung, besonders hinsichtlich der weiblichen Körper in seiner Frühzeit durch Jacopo de Barbari's Kupferstiche beeinflusst sei, halte ich gegen Dr. Ludwig Justi Repert. f. Kunstwissenschaft 1898 p. 367 der sie nur im allgemeinen anerkennen will, vollständig aufrecht. Wenn Ludwig Justi es zweimal durch gesperrten Druck betont, dass ich von direkten Kopien spreche, so bemerke ich, dass ich nur zweimal bei der Vergleichung der Stiche dieser Meister von einer «nur in einigen Kleinigkeiten abweichenden Kopie bez. nahezu vollkommen übereinstimmenden Spiegelbild» spreche. In den anderen Fällen habe ich mich wesentlich allgemeiner ausgedrückt. Jene enger umschreibende Ausdrucksweise gebrauchte ich in Hinblick auf Dürer's Stich der «4 Hexen» von 1497 und Barbari's «Ruhm und Sieg». Ich hebe hervor, dass gerade in diesem Falle S. R. Koehler in seinem mir, wie angebe, erst sehr spät bekannt gewordenen Werke: A chronological catalogue of the Engravings ... of Albert Dürer nach dem von Seidlitz'schen Referate (Repert. f. Kunstw. 1897 p. 390) sagt: Die vier nackten Weiber. Von 1497 datiert. Neben der naturalistischen Behandlung macht sich der Einfluss Barbari's bemerklich, besonders durch dessen «Victoria und Fama» (B. 18) vermittelt, wo die Victoria wieder durch die vom Rücken gesehene kapitolinische Venus beeinflusst ist. Es ist hier

genommen hat, kann ich nicht sagen, wohl aber möchte ich, jedoch mit einiger Reserve, vermuthen, dass Dürer jenes, rechts unterhalb der Burg gelegene durch ein Mittelrisalit zerteilte und bekrönte Haus aus seiner Aufnahme von Innsbruck entlehnt hat. Hier befindet sich rechts neben dem viereckigen Befestigungsturme ein sehr ähnliches Gebäude. Die Zinnenbekrönung, das Mittelrisalit, die je ein Fenster in dem oberen und die je zwei Fenster in dem darunter gelegenen Stockwerke treffen wir wieder an. Die einzige Veränderung, die Dürer vorgenommen hat, besteht darin, dass er auf der Federzeichnung die Zinnen gleich hoch hält. Allerdings kommen gerade in Tirol — wenngleich ja dort nicht allein — derartige Giebel oft vor, so dass ich, wie bemerkt, nur eine allgemeine Vermutung ausgesprochen haben will, deren Begründung vorab in der Anordnung der Fenster beruht.

Das grosse Panorama von Trient hat Dürer vom diesseitigen Ufer der Etsch aufgenommen, an dessen scharfen Rande etwa in der Mitte des Bildes nach links ein Weg entlang führt. Er biegt sich bald etwas nach rechts und läuft dann direkt auf die links liegende Stadt zu. Diese folgt zur Linken mit einigen Befestigungen der Kurve des Berges; breitet sich aber sonst am Ufer des Flusses wohlig aus. Dieser fliesst von Dürer's Standpunkt parallel mit dem erwähnten Wege; macht am Beginn der Stadtmauer eine gelinde Biegung nach rechts, und fliesst dann in den Hintergrund des Bildes. Das flache Land, das der Stadt Trient auf der rechten

also von Koehler eine Ansicht ausgesprochen, die sich um so inniger mit meinen Anschauungen berührt, als auch ich betont habe, dass Dürer von Anfang an «seine Naturstudien daneben» betrieben habe. Wenn Ludwig Justi anderen und mir vorwirft, stets die Stelle in der Einleitung zu Dürer's Proportionslehre übersehen zu haben, die lautet: «so ich selb nye gelernt hab oder von yemand anders underwisen pin», so weise ich auf die von mir citierte Stelle Dürer's hin «. . . hies Jacobus . . . van Venedig . . . der wis mir Mann und Weib, die er aus dem Mass gemacht hätt und wiewol ich zu S i n n nahm d i e M e i n u n g, wie man sölch Ding zu Wegen bringen möcht, doch kunt ich nit von ihm erlangen seinen Grund» oder wie Dürer später bemerkt «dann mir wollte diser — Jacobus seinen Grund nit klärlich zeigen». Meines Erachtens bleibt die bisherige Annahme, Barbari habe Dürer nicht g a n z hinter die Kulissen sehen lassen wollen, bestel en. — Sollte sich aber auch Dr. Ludwig Justi's Behauptung die unsere diesbez. Ansichten geradezu auf den Kopf stellen würde, Dürer habe seinerseits 1503—5 de' Barbari beeinflusst, bewahrheiten, so wird die im Texte von mir oben ausgesprochene Meinung dadurch in keiner Weise tangiert.

Bildseite gegenüber liegt, erstreckt sich durch das ganze Bild bis an die rechte Kante. Ein kleines Dörfchen, einige einzelstehende Häuser, Wiesen, Viehherden und Bäume beleben die Fläche. Ein Kranz hoher weichgeschwungener Berge umfasst den ganzen reichen Anblick von Stadt, Dorf, Wiesen und dem Flusse, auf dessen Wassern ein paar Kähne fahren. Am Himmel fliegen bläulich getönte nebelartige Wolkenbildungen, die in der Mitte des Bildes vom Lichte der aufgehenden Sonne zerteilt sind. Ueber die Berge und das Wasser huschen in kräftigeren und zarteren Abstufungen die gelbrötlichen und violetten Lichter der Morgenröte und die dunklen Schatten der entschwindenden Nacht.

Es ist eine wahre Freude zu sehen mit welchem Verständnisse Dürer versucht hat, sich in die erwachende Natur zu versenken, wie sie umwoben ist von der malerischen Hülle von Licht und Luft. Das Zerflattern der nächtlichen Schatten, das kühle Morgenlicht auf den Häusern und Türmen der Stadt: wie frisch und schlicht und wahr ist das alles gesehen. Es steckt eine Unsumme von künstlerischer Arbeit in diesem gross geschauten Blatte, dessen Gesamteindruck allerdings in Etwas dadurch gestört wird, dass Dürer noch zu fleissig die Details durcharbeitet. Sie werden hierdurch hin und wieder stärker bemerkbar, als es der künstlerischen Wirkung dienlich ist. Der Baumschlag ist vornehmlich noch mangelhaft. Dürer kann die Masse noch nicht meistern und die Stämme erscheinen wie in den Boden gesteckt: aber nicht in ihm wurzelnd. Trotz alledem imponiert das Panorama gewaltig. Wer sich davon überzeugen will, wie „monumental" von Dürer die imposante Umgebung von Trient gesehen und interpretiert worden ist, der projeziere sich einmal einige Meter gross das Bild auf die Wand. Als ob man in der Landschaft wandele, die Berge, den Strom wirklich vor sich erblicke, in der freien Luft atme und die Sprache der erhabenen Natur unmittelbar vernehme, so empfindet man dann. Kein Künstler im ganzen Abendlande hat am Ende des XV. Jahrhunderts auch nur annähernd das Hochgebirge so verstanden, so als Künstler seine Sprache verdolmetschen können, wie Dürer. Und eine seiner packendsten Schöpfungen durch ihre malerischen Vorzüge, ihre Wahrheit, Schlichtheit und Grösse ist Trient.

Dürer weilte ohne Zweifel, wie schon das soeben erwähnte Studienblatt belegt, ein paar Tage in Trient. Er benutzte diese Zeit auch dazu, das mächtige Schloss daselbst zu malen (L. 90/90a). Er hat sich ausserhalb der Mauern niedergelassen, so dass er das Gebäude etwas übereck gestellt vor sich hatte. Die Ringmauer, wie der Pallas, wie endlich einige Häuser der Stadt selbst, die zur Rechten an das Schloss herantritt, sind mit grosser Sorgfalt gezeichnet und gemalt. Es lässt sich aber nicht leugnen, dass in dieser Architekturmalerei eine gewisse Sprödigkeit, Verschwommenheit zu bemerken ist. Sie ist einerseits nicht streng genug, im Sinne des Architekten, durchgezeichnet, andererseits nicht malerisch genug, vom Standpunkte des Malers, gearbeitet. Vor allem ist aber das Material nicht genügend charakterisiert und auch das Verspielen des Lichtes, die feinen Abschattierungen des im vollen Sonnenschein liegenden Schlosses sind nicht zur Zufriedenheit wiedergegeben. Soweit konnte Dürer's Hand damals noch nicht greifen — was er dermaleinst, auf diesem Gebiete leisten konnte, lassen zwei Schlossansichten in der Albertina erkennen. Obwohl ich des architektonischen Charakters wegen gerne annehmen möchte, dass wir auch in diesen Fällen ein tirolisches Schloss vor uns haben, so kann ich diese Studien doch erst als auf der zweiten italienischen Reise gearbeitet glauben.

Wo der Meister die vieltürmige Feste gesehen hat, die auf einem kühn nach rechts über der Thalsohle wie aus dem Berge herausgeschwungenen Felsen errichtet ist, weiss ich nicht zu sagen. Das Blatt befindet sich, nach Ephrussi [1] in Paris bei Gigoux. Soweit die Heliogravüre ein Urteil gestattet, kann die Malerei in dieser Periode vielleicht geschaffen sein. Sie scheint allerdings mit flotterem, weicherem Pinsel durchgeführt zu sein, wie die anderen bisher besprochenen Werke, so dass ich kein endgiltiges Urteil abgeben möchte. Wie Tirol sein Herz als Landschafter höher schlagen machte, die Berglandschaft ihm ihr geheimnisvolles und doch so kristallklares Wesen für den Kundigen erschlossen, das hat endlich der Meister uns auch selbst gesagt; wenn anders, wie ich bereitwillig meinen mag, die feinsinnige Bemerkung Thausing's [2] anlässlich einer schnellen Federskizze in der Albertina gerechtfertigt ist. Mächtig türmt sich auf zur Linken das Gestein, an dessen Fusse ein Weg sich

---

[1] Ephrussi Alb. Durer et ses dessins p. 110.
[2] Thausing Alb. Dürer I, p. 118.

schlängelt. Auf diesem schreitet ein junger Mann — Dürer — lebhaften Schrittes einher, hebt wie laut jubelnd die Hand, und blickt zu einem Schlosse im Mittelgrunde und zu den fern gelegenen Höhen hinüber. Sollte selbst die Deutung auf Dürer, wie möglich, nicht berechtigt sein, so kann es andererseits keinem Zweifel unterliegen, dass die Skizze in dieser Zeit hingeworfen ist; denn die Behandlung des Felsen ist identisch mit der auf den kritisierten „Burgen" (L. 108 u. s. f.).

Als Dürer seine Schritte heimwärts gewandt hatte, da machte er, wie hergebracht auf diesen Reisen nach bez. von Italien schliesslich noch einen kurzen Aufenthalt in Innsbruck. Die höchst malerische Lage der Stadt, die majestätische Natur lockten ihm schnell den Tuschpinsel aus der Tasche. Die reizende Studie in der Albertina war eine Frucht dieser Stunden. Vom diesseitigen Ufer blickte der Maler über die lichtüberfunkelten Wasser des Inn zur betürmten Stadt, in die die schneebedeckten Berge ernstgebietend und erhebend hernieder schauen. Am Himmel ziehen graue Wolken, so dass das ganze kleine Bildchen im Halblichte sich uns präsentiert. Es ist mit derselben Meisterschaft, wie Trient gemalt; fast möchte ich sagen in einer Hinsicht noch etwas besser geglückt. Das Licht umgaukelt noch weicher die Häuser, die Türme, hüllt alles noch zarter ein. Der Meister gab sich ersichtlich Mühe, als er Abschied von Italien nahm, das ja einen letzten oder einen ersten Gruss, wie man will, in die Hauptstadt Tirol's entbietet.

Auf dieser Reise glaube ich auf Grund der technischen Behandlung hat Dürer auch noch die kleine in Farben ausgeführte Landschaftsstudie im Louvre (L. 302) gemalt. Der Künstler steht dicht vor und oberhalb einer Wassermühle. Ein weites, mit Hokken besetztes Feld breitet sich vor ihm in der Tiefe aus, rechts zieht sich ein hell in der Sonne aufleuchtender Pfad in den gebirgigen Hintergrund hinein; ihm gegenüber im mittleren Plane des Bildes lagert auf leise erhobenem Hügel ein Kirchdorf. Auch dies den Massen nach unbedeutende ganz schmucklose Landschaftsbild ist von echter Poesie erfüllt. Es zeigt uns zum ersten Male, gerade weil alle „pittoresken" Zuthaten fehlen, wie modern Dürer als Landschafter empfand; wie klar er auch in diesem Punkte erkannt hatte, dass alle Kunst in der „Natur steckt".

Der Meister war nun heimgekehrt. Hätte er sich, sein Werk und dessen Stellung übersehen können, so hätte er sich sagen dürfen: mit diesen Wassermalereien hast Du die deutsche Landschaftsmalerei zum Leben erweckt. — Damals wurde sie in der That zum ersten Male völlig selbständig gemacht; denn die Schilderung der landschaftlichen Natur war Endzweck dieser Malereien. Der Wanderstab war nun zwar in die Ecke gestellt; aber die Sonne, die dem Meister einmal in der herrlichen weiten Welt in's Herz geschienen, die war für ihn nicht untergegangen. Unter den mächtigsten Gedanken, die seinen jugendstarken Sinn durchzogen, unter all' den hohen und zarten Gefühlen, die seine Brust weiteten und die er in einfachen Holzschnitten seinem deutschen Volke bot, blieb seine tiefinnerliche Neigung zur landschaftlichen Natur stetig wach. Sie diente ihm weit mehr, als es lange geahnt war, dazu die geschilderten Ereignisse abzurunden, zu vertiefen. Ja, die packende Kraft dieser beruht nicht zum mindesten gerade in dieser Behandlung der Landschaft.

Ein gesichertes Werkchen aus dieser Zeit der Heimkehr ist das sogenannte „Weiherhäuschen" in London (L. 220). In einer Ausweitung der Pegnitz, wie es scheint, liegt ein Inselchen, auf dem ein von jungen Bäumen umfangenes „Weiherhaus" erbaut ist.[1] Das idyllische Bild wird vom dunklen Walde und helleren flachen Anhöhen umrahmt. Ganz im Vordergrunde, unmittelbar vor dem Maler lag ein Boot, so dass er es in der Aufsicht zeichnen musste; rechts säumt sandiges, mit Schilf spärlich berandetes Ufer den Fluss ein. Am Himmel hängen rechts schwere Wolken, zur Linken und im Westen ist der Horizont klarer. Die Sonne ist soeben untergegangen. Die letzten Lichter eilen über den Horizont hin und baden sich vielfarbig aufschimmernd im ruhigen Spiegel der Pegnitz, deren Wasser heller aufleuchtet, als es die späte Abendzeit scheinbar erlauben sollte. Aber man sieht manchmal im Sommer, dass hoch oben in der Luft noch viel Licht ist, wenn der Horizont bereits dunkler geworden ist. Dies Leuchten in weiten Fernen erfüllt das Wasser und erhellt es durch indirekt gewonnenen Sonnenstrahl. Es ist eben ein mit einem gar licht-

---

[1] Sidney Colvin teilt im Lippmann'schen Dürer-Codex mit, dass dies Weiherhäuschen dem Nürnberger Rat zeitweise als sicherer Ort in Kriegszeiten dient.

empfindlichen Auge wahrgenommenes und sensibel, aber ohne eine Spur von Sentimentalität empfundenes Blättchen, das uns der ernste Meister mit dem warmen jungen Herzen geschenkt hat. Wie heimlich liegt doch das kleine Häuschen dort auf dem Eiland, beschaut sich im stillen Spiegel des Flusses und guckt hinüber zu den ernsten Bäumen, deren Spitzen sich auch dort tief ins Wasser, just so tief als ihre Stämme und Kronen hoch sind, gesenkt haben.

Für uns bietet dieses Aquarell in London einen neuen Beleg, wie gerne Dürer gerade die Stimmungen, den „Ton" beobachtete. Dass diese Wassermalerei nach seiner Heimkehr gemalt ist, beweist, wie bekannt, der Stich die Madonna mit der Meerkatze (B. 42).

Ich vermeine nicht zu irren, wenn ich die unvollendete aber nichts destoweniger höchst interessante und wichtige Wassermalerei in London L. 219 in diese Jahre setze. Sie erinnert so stark an das „Weiherhäuschen", dass ich diese Arbeiten zeitlich nahe aneinander rücken möchte.

Dürer führt uns diesmal in das Innere eines Waldes. Er hat sich etwas oberhalb der grünen flachen Ufer eines kleinen, tiefblau gefärbten Gewässers niedergelassen. Schilfstauden zieren dessen Rand, die den berühmten Pinsel, der den Dohlenflügel und die angestaunten Haarlocken u. dgl. m. schuf, deutlich erkennen lassen. Rechts stehen junge Föhren in vollem Safte, zur Linken fünf kahle Stämme eben solcher Art. Am Himmel schweben schwere Kumuli Wolken und aus der linken Bildecke schiessen die roten und rotgelben Lichtmassen der aufgehenden Sonne hervor. Die intensiv gefärbten Lichtbündel dieser, das Herüberstrahlen derselben über die Wolken, über die Erde, das war das schwerste, malerische Problem für den Meister, das er hier zu lösen sich unterfangen zu haben scheint. Aber war diese Studie wirklich, wie man wohl gesagt hat, in erster Linie dieser Aufgabe geweiht gewesen? Ich glaube nicht. Ich möchte meinen, dass dieselbe etwa auf folgende Weise entstanden ist.

Es war an einem frühen Sommermorgen, ehe die Sonne aufgegangen war, da kam Dürern der Gedanke an einen kleinen Teich, den er dort im Waldesinnern wusste. Er ist an drei Seiten von hohen Kiefern umstanden, an der vierten von einer Waldlichtung umfasst An Ort und Stelle angekommen setzte sich der

Meister der Lichtung gegenüber, etwas erhöht über dem Teiche, der ein paar Schritt entfernt von ihm dalag. Dürer legte den Vorder- bez. Mittelgrund rechts mit den hohen Kiefern, den zur Linken an und begann dann emsig das Seelein mit seinem feinen Schilfkranze zu studieren. Das dunkle, fast metallisch aufleuchtende Blau solch' kleiner Waldseeen, das hatte es ihm angethan. Mit dem grössten Fleisse sind denn auch die mannigfachen Abtönungen vom sattesten Blau bis zu den hellen Abschattierungen dort in der Nähe der noch nicht angelegten Lichtung beobachtet und ausgemalt. Diese Partie ist die einzige vollendete; also diejenige, die Dürer in erster Linie berücksichtigt hatte. Dann wanderten seine Augen zu seiner Linken. Eingehend untersuchten sie den Boden, geschäftig schuf die Hand nach. Da traf plötzlich das niederblickende Auge ein Lichtstrahl — es sah auf und erblickte zur Linken massige gelbe Lichtgarben, die sich mit voller Wucht auf die Wolken ihm gegenüber warfen, sie mit Strahlen überschütteten, durchschossen, aufzehrten. Hastig fuhr die Hand zu den Farben, das Sonnengold auf das Papier zu bannen — aber bald sank sie gelähmt herab. Das ging auch über Dürer's Kräfte. Wie die Kinder das Licht greifen wollen, so wollte er in die Sonne schauen, sie selbst malen. Sein Versuch misslang natürlich; aber es ist doch im hohen Masse anziehend, zu erkennen, dass Dürer ein solches malerisches Kunststück zu versuchen sich getrieben sah. Dass der Vorgang endlich sich so abgespielt hat, wie ich soeben darlegte, beweist die Behandlung des Seees. Dieser ist peinlich durchgeführt, aber kein Sonnenreflex ist auf ihm sichtbar. Es ist auch nicht anzunehmen, dass Dürer diese Lichter hätte später aufsetzen wollen. Seine Technik verbietet dies zu glauben. Und wie sollte er dazu kommen, den See so detailliert zu malen und die Beleuchtung, d. h. das Sonnenlicht so sehr skizzenhaft. Nein, dieses ist eine Zuthat, die der Zufall beigefügt hat.

Wenn ich diese Malerei in die Nähe der Studie mit dem „Weiherhäuschen" verweise, so geschieht es vornehmlich deshalb, weil die technische Wiedergabe des Schilfes, des Terrains, der Bäume, der Wolken, der lebhaften Farben, die einen etwas bunten Eindruck hervorrufen, eine so übereinstimmende ist. Die Scenerie ist überdies entschieden aus der sandreichen, Kiefernbestandenen Umgegend von Nürnberg gewählt. Die letzte in ihrer Datierung unanfechtbare Landschaftsstudie ist die zum Stiche mit dem verlorenen Sohne. Diese trotz aller Schnelligkeit dennoch in den wesentlichen Punkten, Raumbehandlung, Perspektive und Licht- und Schattenführung sorgsam behandelte Federzeichnung interessiert an und für sich schon dadurch, dass Dürer sich überhaupt veranlasst fühlte, für einen Stich in solcher Weise genau die Umgebung zu studieren. Daraus ersehen wir am besten, wie hoch Dürer die Landschaft stellte. Sie war ihm eben mehr als „Hintergrund" geworden. In demselben Sinne ist ja auch die bereits besprochene mit Wasserfarben sorgfältig durchgemalte Landschaftsstudie, das „Weiherhaus" aufgefasst.[1]

Als landschaftliche Hintergrundstudie ist weiterhin die Zeichnung in der Städel'schen Sammlung zu Frankfurt a. M. für den auferstandenen Christus auf dem St. Veiter Altar (L. 189) sicher datierbar. Ich ziehe dieses Werk kurz mit heran, da die Landschaft eine so sehr überwiegende Stellung einnimmt und datierbar ist. Das Blatt giebt uns einen Einblick in einen Wald, in dem zwischen den Bäumen zerstreut mächtige Sandsteinblöcke lagern. Gerade die technische Wiedergabe dieser beansprucht unsere Aufmerksamkeit. Sie geht bereits verständnisvoller, als in den Tiroler Zeichnungen auf den materiellen Stoff ein.

Welche Landschaften hat Dürer nun weiter in der Heimat vor seiner zweiten Reise nach Italien gemalt und gezeichnet? Ich gestehe offen zu, dass ich mir nicht getraue, die Frage zu entscheiden. Will man eine Erwägung anstellen, so kann man meines Erachtens nur sagen: Die Gemälde, Stiche und Holzschnitte dieser Jahre bevorzugen in stark ausgesprochener Weise Hintergründe, die an das Gebirge gemahnen. Ich will nur ein besonders markant bezeichnendes Beispiel hervorheben: die berühmte Anbetung der hl. drei Könige von 1504.

Die herrliche Landschaft ist zweifelsohne auf der Reise durch Tirol aufgegriffen worden. Der trotzige Bergkegel mit der vielgestalteten Burg, deren Wintperge die schwalbenschwanzförmige

---

[1] Wenn Köhler a. a. O. Repert. f. Kunstw. 1897 p. 390 den «verlorenen Sohn» unter Nr. 5, die Madonna mit der Meerkatze unter Nr. 13 anordnet, so soll meine Gruppierung dieser Rubricierung nicht entgegentreten. Ich nahm die farbigen Malereien nur zuerst weil sie mit denen, die auf der Reise gemalt waren, äusserlich besser zusammenstimmen.

Bildung besitzen, lassen einen anderen Gedanken nicht aufkommen. Als Dürer demzufolge ein recht vollendetes Gemälde schaffen wollte, da fand er keine landschaftliche Natur, die ihm schöner, würdiger, dem hohen Vorwurfe entsprechender erschien, als das Bergland Tirol's!

Man kann vielleicht weiterhin sagen, dass die nicht geringe Anzahl von Studien, die wir aus Nürnberg's näherer und weiterer Umgebung besitzen, eine gewisse Verwandtschaft in der Technik mit denjenigen haben, die von 1510 datiert sind. Eine irgend genauere Abgrenzung aber kann man meiner Ansicht nach nicht vornehmen. Wohl aber können wir uns zunächst noch fragen, welche Studien sind auf der Reise 1505 gearbeitet worden? Es ist schon von anderen Seiten darauf hingewiesen worden, dass Dürer diesmal schnell reiste. Er wird nicht viel Zeit zu Malereien gehabt haben und sein Sommeraufenthalt in Laibach erscheint mir ebenso unwahrscheinlich wie von Térey. Ich schliesse mich dessen Ausführungen a. a. O. p. 9ff. an, bez. ich glaube an diese Sommerfrische überhaupt nicht.

Datierte Studien von dieser zweiten italienischen Reise giebt es überhaupt nur eine. Es ist eine Felsenstudie in London (L. 238) erhalten, die mit der Zahl 1506 signiert ist. Die Malerei zeigt eine „lotrecht abfallende Erdwand.[1] Oben auf dem zackigen Grat liegt eine Erdschichte, die einige Baumstümpfe trägt. Die Erdwand selbst, die schieferartig zersplittert ist, besteht hauptsächlich aus rötlichem Stein, anscheinend Porphyr, an einigen Stellen besonders gegen die Höhe ist sie mit bläulichen und weissen Gesteinstreifen durchzogen. An einer geschützten Stelle, wo die Felsen etwas zurücktreten, gegen die rechte Seite der Zeichnung, hat sich in schräger Linie etwas Erdreich entwickelt, auf dem Nadelholz gedeiht."

Nahe verwandt scheint diesem Blatte eine farbige Studie nach einer Mühle an einem kleinen Gebirgsbächlein. Rechts neben der Mühle sitzt ein junger Mann mit vollem braunen Haare, der zu zeichnen scheint. Im Hintergrunde ragt ein stumpfer Felskegel von mittlerer Höhe empor. Ob diese Gouachmalerei wirklich unanfechtbar echt ist, lasse ich dahingestellt.

Die soeben besprochenen Felspartien sind für uns von grossem Interesse. Vergleichen wir die Zeichnung, die stoffliche Behand-

---

[1] Lippmann (Colvin) a. a. O. L. 238. Dessen Worte ich in diesem Falle übernehme.

lung des Gesteines hier mit derjenigen auf den Arbeiten, die ich für die erste Italienfahrt in Anspruch genommen habe, so ist der Unterschied unmittelbar in die Augen springend. Auf den Letzteren die Felsen wie mit dem Messer geschnitten und geschabt, besser noch wie gepappt; hier die scharfen, jedoch durch die Erosion etwas gerundeten Konturen, die echte feste Felsmasse, die jede Erinnerung an andere Stoffe verschwinden macht. Man konfrontiere noch von diesem Gesichtspunkte aus den Entwurf zum St. Veiter Altar (L. 189) von 1502 in Frankfurt mit der Londoner Malerei. Diese nimmt wie sofort wahrzunehmen ist, in dem beregten Punkte eine Mittelstellung ein.

Es dürften ferner auf der zweiten Reise die beiden Aufnahmen eines Schlosshofes in der Albertina entworfen sein. Die Architektur weist nach Tirol. Das architektonische Gefühl, der Strich der Zeichnung, das Eingehen auf den Charakter des Materiales ist so wesentlich vervollkommnet, dass es nicht gestattet ist, diese Arbeiten mit der Studie nach dem Schlosse von Trient in einem Athem zu nennen. Beide Schildereien, zählen zu den besten „Innen-Ansichten", wenn ich so sagen darf, die wir überhaupt aus der älteren deutschen Kunst besitzen. Sie lassen wie keine anderen verwandten Werke Dürer's eingehendes Verständnis für architektonische Monumente ersehen. An der Hand dieser soeben besprochenen Malereien muss man meines Erachtens noch einmal versuchen, die Frage zu entscheiden: ob Dürer alle jene erwähnten Wassermalereien und Zeichnungen aus Tirol auf der ersten Reise gefertigt hat, oder ob einige davon auf die zweite Tour nach dem Süden entfallen. Meiner Anschauung nach sind die von mir der ersten Italienfahrt zugewiesenen Arbeiten sämtlich so übereinstimmend in der Auffassung, in der Stoffwahl, in der Technik, dass sie nicht auseinander gerissen werden können; dass man nicht ca. 10 Jahre zwischen dem Entstehen der einen und der anderen Arbeit legen kann. Ferner ist die Zeichenweise der Felsformen, die Charakteristik des Materials, die zeichnerische Manier der architektonischen Formen, die Pinselbehandlung der beiden Hof-Ansichten des, wie ich mich fest überzeugt halte, tirolischen Schlosses so sehr von ähnlichen Werken der Zeit ca. 1495 verschieden, dass ich jene ersten Pinselarbeiten mit Stoffen aus der tirolischen Alpenwelt nicht mit den für 1506 beglaubigten, bez.

aus stilkritischen Gründen von mir diesen Jahren (1505/6) zuerteilten zu vereinigen im Stande bin.

Lippmann (Colvin) findet in dem „steinpruch" (L. 106) „in Bremen eine ähnliche, nur von einem anderen Standpunkte aufgenommene Ansicht" wie in dem von 1506. Ich muss gestehen, dass ich diese Meinung nicht teilen kann. Die Bremer Zeichnung zeigt zwar auch an der Vorderkante eine breite glatte Bruchfläche, aber an der — rechten — Seite nur eine dreifache Zerklüftung, während die Londoner (L. 238) eine vierfache aufweist; auch fehlt hier die rhomboide Form des Bruches an der rechten Oberkante der Vorderseite des Felsens auf der Bremer Zeichnung. Hingegen nehme auch ich an, dass beide Blätter zeitlich nicht nennenswert auseinanderliegen; oder ich will lieber sagen, ich meine, dass der „steinpruch" nach ca. 1506 gezeichnet ist. Dieser mächtige, teils bräunlich, teils rostfarben gemalte Fels liegt im Walde und trägt einige wenige Bäume, die ihn hie und da mit ihren Wurzeln zu umspinnen versuchen. Gleichzeitig ist wohl noch ein „steinpruch" entstanden, der uns wiederum mannigfach zerklüftete Steinmassen im Innern eines Waldes zeigt (S. 107). Alle drei Felsstudien sind als fleissige Detailstudien für unsere Kenntnis der Stellung Dürer's zur Natur von hohem Werte. Ob es nur ein Zufall ist, dass wir aus der ersten Epoche seiner Landschaftsmalereien, von der ersten Reise nach Italien nur Ansichten, Panoramen besitzen und keine intimen, auf das Einzelne eingehenden Studien? Es dürfte fast den Anschein haben, als ob wir dort den kühn auf das Grosse, Umfassende losgehenden jungen Künstler, hier den besonnenen Mann sehen, der weiss, dass die Kenntnis des Einzelnen ihn erst das Ganze verstehen lassen kann.

Ohne ein bestimmtes Urteil aussprechen zu wollen, glaube ich doch, die „trotszichmühle" in Berlin (L. 4) für die Jahre zwischen ca. 1506 und 1510 beanspruchen zu dürfen. Der Maler führt uns mitten in ein Dorf, das rechts an den beiden Ufern eines kleinen Flusses gelegen ist. Zur Linken wächst ein unbedeutendes Gehölz, eine Brücke führt zum jenseitigen Ufer. Hier dehnt sich eine weite hügelige Ebene, die mit Dörfern und Weilern bebaut ist, aus. Sie wird allseitig von bläulich abgetönten Bergen abgeschlossen. Es ist ein einfaches Stückchen Natur, das der Künstler vor uns ausbreitet; das jedoch mit seinem saftigen Grün, seinem reichen Baum- und Gesträucherschmuck, seinen mannigfach gebildeten Häusern und Kirchen einen gar anheimelnden Charakter trägt. Technisch befriedigen am wenigsten die Hügel im Hintergrunde, deren in der Natur viel duftigerer Ton nicht gut getroffen ist, und die Bäume, die in der Masse des Laubwerks nicht frei genug, noch immer nicht recht wurzelecht sind. Im hohen Grade ist aber anzuerkennen, wie der Maler den erfrischenden Eindruck, der im saftreichen Grün des ersten Sommers stehenden Natur reproduciert und wie überlegt er den mannigfach gestalteten Mittelgrund durch einzelne „Rückschieber", durch einige leuchtende Stellen gegliedert, belebt hat. In geeigneter Entfernung gehalten kommt in das Blatt ungemein viel Bewegung, frisches, unmittelbares Naturleben hinein. Nicht minder ist das Gegenstück Sant Johanns Kirche zu loben (L. 104). Um einen grossen, grünen, ziemlich quadratischen Wiesenplan sind an drei Seiten einzelne Häuser, Gehöfte und eine Kirche aufgebaut. Weit in den hinteren Plan hinein verlieren sich mit Strauchwerk übersäte Wiesen bis zu dem auf leichten Höhen hoch wachsenden und von zartem blauem Nebel eingehüllten Wald. Es ist erstaunlich wie vorzüglich von Dürer die Tiefenwirkung wiedergegeben ist. Sein schon oft betonter Raumsinn manifestiert sich in stärkster Weise. Der Mittelgrund ist zwar mit der duftigen Ferne technisch nicht tadellos verbunden worden; hingegen ist das Gefühl für die farbige, das Bild hebende und komponierende Wirkung einzelner Felder, der Matten, die mit kraftvoller Farbe aus dem fast überall bemerkbaren Dunste hervorleuchten sehr zu beachten. Die Häuser und Bäume sind mit Sorgfalt durchgezeichnet; jedoch ohne, dass Dürer in das Kleinliche verfällt. Die Baumkronen sind besser verteilt, luftiger, charaktervoller behandelt. Die Tuschierung zeigt eine gewandtere Pinselführung in sofern, als das „Schummern" intensiver auftritt. Der ganzen Erscheinung nach dünken mich die drei Bäume in Bremen (L. 102) jenen auf dem soeben betrachteten Blatte sehr nahe zu stehen. Es sind in drei verschieden grünen Nüancen — hellgrün, gelbgrün und dunkelgrün — fleissig gemalte Linden, in denen Dürer die Masse zu bewältigen, ihr einen freien künstlerischen Ausdruck zu verschaffen bemüht ist. Das Aufsetzen der Lichter ist feinfühliger, wie früher, ohne tittelig geworden zu sein. Die Wirkung, die der Meister in diesen mächtigen Bäumen erstrebte, hat er erreicht in seinem herrlichen Lindenbaum — früher bei v. Franck in Graz (jetzt?) — der von einer Bastei — Nürnberg's? — ins Land hinabhugt. An der mit Steinplatten belegten Brüstung steht ein Marienstock und auf der Bank, die sich eben dort längs zieht, sitzt ein Mann; im Schatten des prächtigen Baumes jedoch steht in der Schaube ein ehrsamer Bürgersmann (L. 162). Wundervoll frei und fest gewurzelt ragt der schlanke Baum mit der meisterhaft gegliederten Krone empor, die vom klaren Himmel sich abhebt und vom Lichte durchleuchtet ist. Die keusche, tiefe Naturempfindung Dürer's lebt ganz in diesem einen herrlichen Baume. Wie reckt er sich doch so stolz und freudig, als wolle er jubeln über die weite köstliche Welt, die vor seinen Füssen dort unten prangt; über die saftvollen Wiesen, die goldgelben Aehren, die dem Messer des Schnitters entgegen reifen, über die von fleissiger Menschenhand errichteten und mit lustigen roten Ziegeldächern gedeckten Häuser! Unwillkürlich wird der Beschauer an das Wort eines modernen Malers erinnert, an das Moritzens von Schwind: „Wenn einer an ein schön's Bäumle sein Lieb und Freud' hat, so zeichnet er all' sein Lieb und Freud' mit, und's schaut ganz anders aus, als wenn ein Esel etwas schön abschmiert ... Ach, es gehört ein gar feiner, ein gar keuscher, guter Sinn dazu, um das Geheimnis aller Schönheit und aller Wunder der Natur aufzuschliessen."

Ein würdiges technisches Gegenstück ist die „Tanne" in London (L 221), die nach einem abgeschnittenen Baume gearbeitet ist. Vor allem erfreut hier die gewandte, schummernde Technik.

In der malerischen Wiedergabe treten die Ansichten von Nürnberg in Bremen und Berlin an die zuletzt kritisierten Arbeiten so dicht heran, dass ich sie, nebeneinander einreihen darf. Vornehmlich ist die Tonwirkung, die in Sant Johannsen Kirchen den Maler beschäftigte hier noch ausgiebiger herausgeschafft worden.

Im vollen Sonnenlichte, das von rechts her bereits ziemlich lange, bläuliche(!) Schatten auf Häuser, Türme und Wege fallen lässt, liegt die Reichsstadt Nürnberg (L 103) vor uns. Von rechts her läuft im Vordergrunde, an den Festungsmauern der zurückliegenden Stadt umbiegend, durch die Mitte des Bildes ein breiter Fahrweg in den Hintergrund. Zur Rechten erblickt man, wie bemerkt, die Stadt bis zum Neuen Thorturm und die Burg(?); zur Linken eine zerfallene Mauer, ein Boskett junger Bäume, grüne Wiesen, ein paar Häuser, im fernsten Grunde links und in der Mitte auf höher liegendem Terrain die Häuser von St. Johann. Alles ist in den mittleren und rückwärtigen Partien, besonders aber die Stadt „Nörnperg" in jenen bläulichen Dunst gehüllt, der über grösseren Niederlassungen zu lagern pflegt, nur einzelne Dächer mit ihren roten Massen durchbrechen ihn siegreich. Dürer triumphiert in diesem Werke als Tonmaler. Es ist der Bewunderung wert, wie fein sein Auge das grelle Sonnenlicht, die Schlagschatten, die blauen Halbschatten, den zarten Duft der Ferne und den Sonnendunst der Nähe zu sehen verstand und zu malen lehrte. Was an zeichnerischen Härten mannigfacher Art, an kleinlichem, missverstandenen Baumschlag etc. den früheren Blättern noch mehr oder weniger anhaftete, ist hier verschwunden. Man lege dies Blatt und „Trient" in der Sammlung zu Bremen einmal nebeneinander. Jeder wird sofort den gewaltigen Abstand trotz mancher verwandten Züge finden. Was dort von dem grossen Künstler mit unzulänglicher Technik versucht wurde, ist hier bemeistert. Diese Ansicht von Nürnberg ist das erste durchgearbeitete Stimmungsbild, die erste vollendete Tonmalerei der deutschen Landschaftsmalerei! Es ist eine realistische Beobachtung und eine ungezwungene Wiedergabe der einzelnen Teile z. B. der Stadt rechts und der Anhöhe links, die ein Künstler unserer Gegenwart nicht besser hätte geben können. Die Farben z. B. das Grün, sind von einer intensiven Leuchtkraft, die auch Augen der Kunstkenner des endenden neunzehnten Jahrhunderts zufrieden stellen können. Unmittelbar, ohne Rangunterschied, darf meines Erachtens das Panorama der Stadt Nürnberg in Berlin neben jenem in Bremen den Platz einnehmen. Im Vordergrunde fliesst die Pegnitz, im mittleren stehen mehrere grosse, strohgedeckte Häuser, die einen Turm, rechts, zum Teil verdecken; links Gebäude der sich rechts im Hintergrunde verlierenden Stadt. In der Mitte ragt die Burg, St. Lorenz aus dem Häusergewirr empor.

Es ist im höchsten Grade anziehend zu beobachten, wie Dürer die mit breiter Feder gezeichnete Zeichnung durch leicht grünliche oder blaugrüne Tuschierung hebt. Die hohe Burg dagegen, wie die Türme der Kirche sind glanzverhüllt, wie vom Lichte verzehrt nur konturiert und mit knappester Innenzeichnung versehen. Alles ist sehr frei und leicht behandelt. Mit den einfachsten Mit-

KLAUSEN IN SÜDTIROL.

teln ist ein echt malerischer Charakter verliehen. Am ungezwungensten fügt sich die einzige Aufnahme aus dem Innern der Stadt Nürnberg, die wir von Dürer besitzen hier ein. Es ist die Ansicht des alten Trockensteges, einer bedeckten Holzbrücke unter der die Pegnitz in's Freie tritt. Hinter der Brücke steht der Schleierturm, an dessen beiden Seiten die Mauern hinlaufen. Zur Linken sieht man in die Umgegend. Eine Mühle steht im ersten Plane inmitten von Bäumen, noch weiter entfernt, links ein Kirchturm. Ein fein gemaltes, stimmungsvolles Stadtbild (Albertina).

Bevor ich zur Besprechung der anderen wesensgleichen Landschaften Dürer's übergehe, möchte ich zwei vom Jahre 1510 datierte Entwürfe einschalten. Ich glaube, sie geben einen gewissen allgemeinen Anhalt für die zeitliche Bestimmung nach rückwärts für diejenigen Malereien ab, die nach der Felsmalerei von 1506 herangezogen wurden, wie sie sich auch andererseits für die später noch zu betrachtenden als ein fester Gruppierungspunkt erweisen dürften.

Das eine Blatt bietet wiederum eine getuschte Felsstudie. Diese den oben erwähnten Gesteinstudien nahestehende Detailarbeit nach einer Felswand befindet sich im Besitze des Herrn Prof. Dr. Blasius in Braunschweig. Man sieht eine rechts steil abfallende Felswand, die auf der linken Hälfte Erdreich und Gestrüpp trägt. Die Arbeit ist zum Teil nur angelegt. Die Schilderung des Materials ist, wie angegeben, ähnlich der der besprochenen Felsstudie. Meiner Anschauung nach ist jedoch in dieser von 1510 datierten Tuschzeichnung ein Fortschritt in sofern zu bemerken, als die technische Behandlung eine noch ungezwungenere geworden ist. Man nimmt vorab ein „Schummern" mit dem Pinsel wahr, wie wir es bisher in dieser geschickten Manier noch nicht festgestellt hatten.

Die andere Zeichnung von 1510 ist eine mit brauner Tinte und Feder durchgeführte Ansicht eines Kirchdorfes. Direkt vor und unter uns sehen wir das Strohdach eines Hauses, etwas erhöhtes Terrain; im Mittelgrunde den Dorfteich, an dem die Ortschaft um die Kirche gruppiert liegt. Zur Linken sehen wir an den Häusern vorbei die Linie sanft ansteigenden Geländes. Das Blatt im Besitze Bonnat's in Paris ist eines derjenigen, die mir leider aus eigener Anschauung nicht bekannt sind, aber die Beurteilung, die Lippmann a. a. O. zu Nr. 355 giebt, stimmt mit dem Charakter der zuletzt gewürdigten Landschaften offenbar

vollkommen überein. Lippmann schreibt: „Das Orginal wirkt beträchtlich heller und weicher und ungleich malerischer. Die Gründe lösen sich klarer von einander ab.[1]
Da Lippmann a. a. O. zu der Reproduktion Nr. 349 — das Original besitzt ebenfalls Bonnat — nur bemerkt, dass die Silberstiftstriche im Originale heller und mehr gelblich sind, so ist der Lichtdruck in seinem Dürer Codex sonst als zutreffend anzusehen. Lippmann's Bemerkung: „Hier ist dieselbe Landschaft dargestellt, wie auf der Wassermalerei der „Drahtziehermühle", nur mit dem Unterschiede, dass auf dem vorliegenden Blatte der Standpunkt des Zeichners sich etwas weiter rechts befunden zu haben scheint, als bei der Aufnahme des „Aquarells", ist im Grossen und Ganzen richtig. Dennoch glaube ich die Blätter nicht als gleichzeitig annehmen zu dürfen. Die Behandlung der Bäume, der Häuser scheint mir mehr auf die Dorfansicht von 1510 hinzuweisen. Es ist bei der Beurteilung ferner nicht zu übersehen, dass die Terrainverhältnisse zur Linken, bei den Bäumen sich nicht unwesentlich verändert haben und dass die junge Weide auf dem gegenüberliegenden Ufer, neben bez. vor dem Gatterthor auf dem in Rede stehenden Blatte unbezweifelbar etwas höher gewachsen ist, etwa in dem Masse wie sich ein solcher Baum in ca. 3-4 Jahren verändern kann.

Vom Jahre 1512 ist eine dritte Federzeichnung bei Bonnat datiert. Diese Zahl und das „frühe Dürer-Monogramm mit getrenntem A und D" vertragen sich nicht mit einander und deshalb „muss die ganze Bezeichnung — deren Tinte von der der Zeichnung verschieden ist — von späterer Hand oder ein Teil derselben irrtümlich ergänzt sein". Soweit der Lichtdruck (L. 350) ein Urteil gestattet, ist die Zahl hinsichtlich der Form der Zeichen echt. Damit würde die Zeichenweise übereinstimmen, zu der der Herausgeber bemerkt: „Die Reproduktion ist getreu, doch wirkt das Original weicher". Stimmt, wie ich nicht zweifele, diese Angabe ganz exakt, so kann ich die Anschauung Lippmann's „vielleicht nur Kopie nach einer Dürer-Zeichnung" nicht teilen. Wir sehen am jenseitigen Ufer eines nur angedeuteten Gewässers ein Dorf mit Baumgruppen zwischen den Häusern. Gegen die Mitte hin steht eine Wassermühle auf Pfählen, rechts noch zwei unbe-

---

[1] Die Bezeichnung wird gewöhnlich gelesen «hab acht auf's aug».

deutendere Pfahlbauten. Ungleich wertvoller ist eine kleine, in Wasserfarben gemalte Landschaft bei Blasius in Braunschweig (L. 132). Es ist wieder ein Blättchen, das der ganze bestrickende Zauber Dürerischer Naturstudien umwebt. In der Nähe einer Waldwiese im Hochlande hat der Künstler sich niedergelassen. Ein weiss im Lichte der Sonne schimmernder Weg kommt aus der Tiefe von rechts nach links herauf, hinter ihm und rechts an einer niedrigen, mit Bäumen und Gestrüpp überdeckten Anhöhe erstreckt sich die Wiese. Ueber die rückwärtig liegende Hecke fällt der Blick auf eine etwas steilere Böschung, auf der prachtvolle Bäume wachsen, zu denen aus weiterer Ferne zwei andere herüber grüssen. Diese vordere Partie hebt sich von hohen, weichkonturrierten, einmal tief eingesattelten Bergen ab, die ein sehr zartes Fernblau färbt. Dürer ist in diesem Falle ein vollkommen „moderner" Maler. Und zwar so sehr, dass man unwillkürlich Schlagwörter der Gegenwart auf die Lippen bekommt. Und so einfach und naturfrisch ist alles erfasst, so malerisch im Gesamteindrucke bei aller Unbedeutendheit der Motive, so feinäugig gesehen und so wirkungsvoll in leuchtendem, vielfältig abgetöntem Grün gemalt! Eine hohe Poesie und eine gesunde, reale Auffassung haben sich bei der Schilderung dieses kleinen, bescheidenen Naturausschnittes die Hand gereicht. Von ähnlicher Schönheit ist die „Weydenmull" in der Bibliothèque nationale zu Paris (L. 331). Nur die Niederländer des XVII. Jahrhunderts haben gleich poesievoll und scharfsichtig in die Natur hinauszublicken verstanden, wie wir es von neuem in dieser an „malerischen" Einzelheiten sehr armen Studie fühlen und schauen. Am diesseitigen Ufer eines breiten Baches, stehen rechts ein paar herrliche dicht belaubte Ulmen. Eine kühn im Bogen von diesem Ufer aus der rechten Bildecke nach der linken Seite über den Bach geworfene, schmale Holzbrücke führt von der einen Hälfte des Dorfes zur anderen. Den rückwärts liegenden Teil des Ortes verdecken teilweise Bäume. Das Verzittern des Lichtes auf dem Wasser, das Wiederspiegeln in diesem, das Gleiten und Spielen desselben auf den Dächern, an den Wänden, das Scheinen am Himmel ist mit einer Meisterschaft gemalt, die diese Malerei den besten zuzählt, die der Altmeister uns hinterlassen hat. Technisch ist zwischen dieser Arbeit und den Ansichten von Nürnberg meines Erachtens kein Unterschied wahrnehmbar; nur ist die Farbenwirkung auf dieser „Wassermühle" eine noch reichere. Sie bestätigt — trotz einer gewiss weder jetzt noch früher oder später zu leugnenden Härte und Neigung zur Buntheit —, dass Dürer in erster Linie in seinen Gouache- und Aquarell-Malereien als Maler bezw. als Kolorist zu studieren ist. In seinen Gemälden dominiert ja — es sei cum grano salis gesagt — gewöhnlich die Zeichnung.

Etwas weiter von Nürnberg weg, als allem Anscheine nach es die Pariser Zeichnung that, führt uns die Ansicht des Dorfes Kalk rewt in Bremen (L. 105). Es ist wohl sicher das Dorf dieses Namens in Mittelfranken bei Erlangen gemeint. Die Häuser des Ortes, zwischen denen des öfteren Bäume hervorragen, treten dicht an uns heran. Kahle, vielfach koupierte Höhen streben im Hintergrunde himmelan. Der helle klare Sonnenschein des Vorsommers liegt über dem Dörfchen. Die Sonne fällt so grell auf die Dächer, dass es den bräunlichen Ton der mit Stroh gedeckten Häuser aufzehrt, ihn in rötlich weissen, rotbraunen, hellbraunen u. s. w. Abstufungen schillern lässt. Das ungebrochene Licht überstrahlt die saftigen Matten, so dass ihr Grün weithin sichtbar ist; doppelt wirksam, da sie durch stark beschattete Einschnitte zerklüftet werden. Der Höhenzug ist in einen satten graublauen Ton getaucht, den hellweisse Lichter, einzelne Schneemassen äusserst effektvoll durchbrechen. Dürer hat die gestellte Aufgabe, kühles, unverschleiertes Sonnenlicht zu malen, den vorderen Plan unvermerkt in den hinteren übergehen zu lassen, brillant gelöst. Das Bild besitzt eine sehr grosse räumliche Tiefe. Hohes Lob verdient auch die Geschicklichkeit, mit der Dürer durch einzelne kompakte Massen gesättigter Farben, Kraft und Belebung gebracht hat.

Mit dieser raschen, resoluten, breit behandelten Skizze können wir in einem Atemzuge eine Terrainstudie in Berlin (L. 14) nennen, auf der Dürer eine sehr ähnliche Gegend gewählt hat. Der Vorwurf ist der denkbar einfachste. Auf einer Hochebene sehen wir weitgestreckte, leicht gewellte Felder vor uns; links etwas Gebüsch, in der Mitte des Bildes im mittleren Grunde unter Bäumen halb versteckt ein Dörfchen; von rechts nach links niedrige Sandsteinfelsen, die zum Teil mit grünen Wiesen und in vollem Laube prangenden Bäumen bewachsen sind. Das ist alles. Aber dies Wenige ist mit eminent sensitivem Naturgefühle und mit hervorragender Technik geschildert. Vielleicht ist dies Blatt mit seiner diskreten Farbenwahl das für moderne Augen ansprechendste aller Dürerischen Aquarelle. Es ist eine reine Freilichtmalerei. Bei genauerem Zusehen wird jeder Beschauer bewundern müssen, wie verständnisvoll das gelbe Licht in die verschiedenen gelblichen und grünlichen Nüancen aufgelöst ist; wie die grösseren grünen Flächen durch ein paar dunkelgrüne Bäume schärfer accentuiert sind, wie aus den grünen Laubmassen dort im kleinen Einschnitte die roten Ziegeldächer des Ortes effektreich hervorleuchten, wie die ansteigenden langen Böschungen des gelblichen Sandsteines durch einzelne kupferrote Flecken unterbrochen, betont sind. Oder Dürer lässt aus dem mancherlei Grün der Anhöhen den gelben Fleck eines Aehrenfeldes, eines Bruches im Gestein auftauchen. Das gesättigte und zarte Blau der Hügel, der zart rötlich getönte entfernte ebene Horizont, auf dem ein ganz leichter, bläulicher atmosphärischer Ton liegt: das Alles ist so klar, so licht- und farbenreich und so abgestuft, wie man es nur wünschen mag.

Im allgemeinen Zusammenhange mit diesen Studien möchte ich die Federzeichnung in Berlin erwähnen (L. 440), auf der zwei alte Männer — wohl Paulus Eremit und Antonius — an einem in Felsen gefassten Quell sitzen, der mitten in einem Buchenwalde liegt.

Die Ansicht von Nürnberg in Karlsruhe scheint mir für Dürer zu schlecht. Die Zweifel, die Lippmann a. a. O. Nr. 438 äussert, eigne ich mir gerne an.

Mit diesen Werken schliesst für uns die Periode der Landschaftsmalerei Dürer's vorläufig ab. Denn die Aufnahmen von Burgen, aus den Jahren 1514 und 1515 in Berlin (L. 44) — und bei Frau Grahl in Dresden[1] — machen auch auf mich einen verdächtigen Eindruck. Sie erscheinen mir zu trocken und zu tiftelig für Dürer. Auch möchte ich nicht glauben, dass Dürer während zweier Jahre damals zu einer Reise bis nach Olten bez. Dornach hat Zeit gewinnen können. Die Belagerung von Hohen-Asperg hat der Meister auch sicher nicht persönlich mit-

---

[1] Diese Blätter sind mir im Originale nicht bekannt. Da sie aber nach Ephrussi ohne Zweifel mit den Berliner Arbeiten technisch zusammen gehören, in dieselben Gegenden führen, so dürfte das Urteil über die Berliner Blätter auch für sie gelten können, cfr. (Ephrussi a. a. O. p. 233 f.)

gemacht. Die Ausführungen Thausing's a. a. O. II. p. 316 erscheinen mir durchaus berechtigt. Darnach wäre bekanntlich die Zeichnung, die 1519 datiert ist (L. 52), nach Mitteilungen Dritter entworfen worden.

* * *

Auf der Reise in den Niederlanden 1520/21 sind nur eine Anzahl Silberstiftzeichnungen kleineren Formates entstanden, die der weitaus überwiegenden Masse nach Skizzen von Häusern, Kirchen und Schlössern sind. Eine Zeichnung mit dem Portrait des Casper Sturm stellt aus Aachens Umgebung ein festes Schloss und ein grosses Steinhaus am Ufer des Flusses dar. Die schlichte, geschmackvolle Wiedergabe zieht ungemein an (L. 340). Trotz aller Schnelligkeit des Skizzierers ist ihr der bestimmte Charakter der Landschaft verliehen. Wie viel schärfer und richtiger der Meister Architekturwerke jetzt sah und gut wägend dem Maler und dem Architekten beim Zeichnen derselben gab und nahm. dafür ist trotz des leider stark verdorbenen Zustandes das Rathaus in Aachen ein gutes Beispiel. Wesentlich mannigfaltiger ist das Bild, mit der vortrefflich erhaltenen Zeichnung im London, des Münsters „zw Ach ds münster" (L. 404). Wir blicken aus einem hochgelegenen Fenster in einen weiten von Schuppen und Häusern umstandenen Platz. Ueber das Gewirre der Dächer ragt stolz und pittoresk das Münster empor. Ein geschickt aufgegriffenes und tadelfrei reproduciertes Stadtbild, vor dem man nur wieder lebhaft bedauern kann, dass Dürer nicht der Gedanke gekommen ist, seine Aufnahmen zu stechen und zu einem Sammelwerke zu vereinigen. Wir hätten „Bilder aus Stadt und Land" bekommen, die den besten modernen Werken dieser Art sich zugesellen könnten. Aber nicht nur auf den Gängen in der Stadt, besonders auch auf den Flussfahrten griff der Künstler zum Stifte. Prof. Dr. Blasius in Braunschweig besitzt ein Blättchen, das uns wohl an den Rhein selbst führt. Aus einem Flussthale erhebt sich zur Linken ein schroffer Fels, auf dem eine grosse Burg ruht, deren besonderes Charakteristikum ein runder Turm mit einem sich verjüngenden Aufsatze [1] bildet; diesem festen Hause liegt auf abgerundeter

---

[1] Ohne eine bestimmte Behauptung aufstellen zu wollen, möchte ich glauben, dass dies Blatt das Vorbild zur rechts gelegenen Burg auf dem grossen Umrissstiche mit der Kreuzigung abgegeben. Wie

Kuppe gegenüber ein anderes mit Türmen und Erkern reich ausgestattetes, wehrhaftes Schloss.

Die Zeichnung fällt besonders dem Betrachter durch die weiche, tonige Manier in das Auge, so dass die einfarbig wiedergegebene Scenerie einen echt malerischen Eindruck bei uns hinterlässt.

Ebenfalls von der Rheinreise stammt eine kleine Studie in Berlin nach einem felsigen, waldbestandenen Berg. Dürer schrieb dazu „pey andernach Am (?) rein" (L. 59).

Von Antwerpen besitzen wir mehrere Studien. Diejenige mit der Kirche „sant michell zw antorff" (L. 338) in Chantilly leidet daran, dass das von dem Meister selbst bezeichnete Hauptstück der Darstellung zu wenig hervortritt. Auf einer Federzeichnung von 1520 in der Albertina bietet uns Dürer eine Ansicht des Hafens und des Quais am Scheldethor in der berühmten Handelsstadt. Die Aufnahme der Stadt Middelburg, die dem Meister ja so gut gefiel, besitzen wir leider nicht mehr.[1] Ein interessantes Studienblatt ist endlich das mit der Stadt Bergen op Zoom, oder wie Dürer bezeichnet hat „zw pergen" (Chantilly, (L. 337). Durch die geschickte Weise, mit der Dürer die überflüssigen Einzelheiten zu Gunsten der Gesamtwirkung zurück gedrängt hat, fällt die Skizze angenehm auf.

Alle Studienblätter des niederländischen Skizzenbuches stehen jedoch den früheren landschaftlichen Bildern insofern stark nach, als sie nur kleinere und schnell hingeworfene Entwürfe geben. Sie erweitern unsere Anschauung über Dürer als Landschafter nicht. Er hatte nach unserm Material sein höchstes Wort bereits Jahre lang vorher gesprochen.

*　*

Zucker Repert f. Kunstw. 1898 p. 376 ganz richtig bemerkt hat, hat Bergen op Zoom (L. 337) für den Hintergrund zur Linken gedient. Mir war dies übrigens bereits in diesem Frühjahre aufgefallen. Ich stellte damals das gesamte Material über die Frage nach der Echtheit oder Unechtheit des Umrissstiches zusammen, die Jaro Springer Jahrb. f. K. preuss. Kunsts. VIII. weder erschöpfend noch überall zutreffend behandelt hat. Für die Frau mit dem «türkischen» Kopfputze ist z. B. nicht die Studie in der Ambrosiana zu Mailand, die Springer abbildet, benützt, sondern die einer Bauernfrau in den Niederlanden, die Dürer in sein Skizzenbuch gezeichnet hatte (L. 285). Mir scheint diese Kreuzigung mit der Charakteristik eines pasticcio überhaupt nicht definitiv beurteilt zu sein.

[1] Tagebuch Alb. Dürer's, Ed. Lange-Fuhse p. 143.

Dürer's Ruhm als Vater der Landschaftsmalerei ist alt. Er strebte in der That zuerst nach einer tiefgründenden Erkenntnis des Zaubers, der in den scheinbar so toten Formen der landschaftlichen Natur verborgen liegt. Sein Genius war auch so gross, dass es ihm nicht, wie einigen jüngeren Zeitgenossen, beifiel, die Landschaft mit Gebilden der Phantasie aufzuputzen, sie scheinbar zu bereichern; sondern er suchte lediglich das scharf und klar Geschaute phrasenlos, aber mit in treuem Verständnisse nachgehender Hand wiederzugeben. Dürer geht als Landschaftsmaler denselben Weg, den er als Seelenkünder gegangen ist. Er nahm seinen Anfang von der Vielgestaltigkeit, der pittoresken Erscheinung der südlichen vom Licht umschwebten Gebirgsnatur, um in den einfachen, grossen Linien, den weiten Ebenen, dem weniger anreizenden, matteren Lichte des Vaterlandes auch die eigentliche Heimat als Landschaftsmaler zu finden. Wenn der moderne Betrachter sich nicht überall zufriedengestellt, dies und jenes fremdartig, nicht als vollendet erklären wird, so wiegt dies Urteil nicht gar schwer. Dürer's Kunst wird und darf von dem Kunstfreunde des XIX. Jahrhunderts, der keinen historischen Massstab anlegt, vom formalen Gesichtspunkte überhaupt so beurteilt werden. Trotzdem wird der wirkliche Kunstkenner in Uebereinstimmung mit uns sagen: Die Grösse in der Einfachheit, das war auch auf diesem Felde des so umfassenden Kunstgebietes Albrecht Dürer's das imposante Endziel seines Schaffens, das weiterhin auch in diesem Falle im Kerne des Denkens und Fühlens des deutschen Volkes wurzelte. In jenen Jahren bemerken wir eine wissenschaftliche Vertiefung der Naturgeschichte — ich erinnere nur an Gessner's siebenbändiges Werk dieser Art — wie nie zuvor; es tauchen aber auch allerorts in deutschen Landen neben Dürer, als er in seinen reifen Jahren stand, eine grosse Anzahl von Malern auf, die gleich ihm die Schönheit der Natur in Berg und Thal und Ebene empfanden und schilderten. Mit dem mächtigen Erwachen des tiefgründenden deutschen Gemütslebens, wie es in der Reformation so erschütternd sich äussert, fällt, ich möchte sagen, natürlicherweise auch das volle Erkennen der Herrlichkeiten in des Schöpfers weiter Welt zusammen. Das so oft **gehörte** Wort von den Wundern der Erde war nun **begriffen** worden.